T0048368

Mi padre acostumbraba a decir:

"**Nunca aceptes una bebida de un urólogo**".

Erma Bombeck

Hay dos maneras de viajar:
en primera clase
y **con niños.**

Robert Benchley

Mi padre siempre decía:
"Nunca serás alguien en
la vida pues dejas siempre
todo para mañana".
Y yo le dije: "Solo espera".

Ted Carnes

LAS **MADRES** SON UNA NECESIDAD BIOLÓGICA;

LOS **PADRES** UNA INVENCIÓN SOCIAL.

Margaret Mead

Requiero que un hombre tenga tres cosas,
él **DEBE SER GUAPO, RUDO Y ESTÚPIDO.**

Dorothy Parker

Los hombres deberían ser como un **kleenex**: suaves, fuertes y que se puedan tirar.

Cher

El mejor
ANTICONCEPTIVO
es una píldora...
mantenida
firmemente
entre las **rodillas**.

Nunca lleves
a una
cita a ciegas
a ver una
película muda.

Geoffrey Parfitt

Dedico este *LIBRO*
a mi hija Leonora...

...sin cuya inquebrantable simpatía y ánimo, me habría llevado la mitad de tiempo escribirlo.

P.G. Woodehouse

Hay tres tipos de personas en el mundo: las que no soportan a *Picasso*, las que no soportan a *Rafael*...

...Y LAS QUE NUNCA
EN SU VIDA
HAN OÍDO HABLAR
DE NINGUNO
DE LOS DOS.

John White

La **TELEVISIÓN** es muy educativa. Cada vez que alguien la enciende...

...yo me voy al cuarto de al lado y me pongo a *leer un libro*.

Groucho Marx

YO NO PUEDO **ESCUCHAR** A WAGNER,

PORQUE ME ENTRAN GANAS DE *INVADIR* POLONIA.

WOODY ALLEN

Me encantan las matemáticas: SUMA una cama, SUBSTRAE unas ropas, DIVIDE nuestras piernas, ¡y MULTIPLÍCATE!

Mel Brooks

Cuando
yo muera,
pienso donar mi
cuerpo a la ciencia
ficción.

Steven Wright

Yo no sé nada de **ORDENADORES**. Ni siquiera sé cada cuánto tiempo hay que cambiarles el aceite.

Buzz Nutley

Tener buen aspecto y vestirse bien es algo esencial.

Buscarle un propósito a la vida no lo es.

Oscar Wilde

¿Por qué la ganadora de **miss universo** es siempre una terráquea?

Rich Hall

AMA a tu prójimo…
si resulta que es **alto,**
educado y **atractivo,**
eso es mucho más *fácil.*

Mae West

Yo no creo en la **vida** después de la **muerte...**

pero llevo una
muda limpia
por si acaso.

Woody Allen

Hay siempre un
camino bueno y uno malo,
y el malo siempre parece
ser el más **razonable**.

George Moore

El **TACTO** es
la habilidad de
describir a los
otros del modo
que ellos mismos
se ven.

Abraham Lincoln

ETCÉTERA es una expresión que sirve para que la gente piense que sabes **más** de lo que en realidad sabes.

Todos nacemos
siendo
ORIGINALES,
y morimos siendo
COPIAS.

Carl Jung

No hay nada que no moleste más que no ser invitado a una FIESTA a la que no irías ni borracho.

Hill Vaughan

Es mejor
DAR que PRESTAR,
y cuesta casi lo
mismo.

Philip Gibas

En la misma colección:

Otros títulos de **LIBRO**AMIGO

The Book of
LOVE
(El libro del amor)

Monica Sheehan

LIBROAMIGO

happy mami
(una mamá feliz)

...as que acaban de ser
...án a punto de serlo.

...de Berta Navascués

LIBROAMIGO

happy love
(amor feliz)

Un pequeño libro
para enamorados

Berta Navascués

LIBROAMIGO

Smile, please

(sonríe, por favor)

Grupo ROBIN BOOK

Barcelona - México
Buenos Aires

© 2011, Ediciones Robinbook, s. l., Barcelona

Diseño de cubierta: Regina Richling

Ilustración de cubierta: iStockphoto

Diseño interior: Media Circus

ISBN: 978-84-9917-148-7

Depósito legal: B-36.633-2011

Impreso por Limpergraf, Mogoda, 29-31 (Can Salvatella), 08210 Barberà del Vallès

Impreso en España - *Printed in Spain*

Smile, please

(sonríe, por favor)

300 ideas que te alegrarán el día

LIBROAMIGO

Nunca discutas

con alguien a quien puedas

convencer.

JAMÁS TE LO PERDONARÁ.

CADA CUÁL ES COMO ES

Y...

bastante desgracia tiene.

Cuántas veces por callarnos...

metemos la pata.

Pase lo que pase,
yo siempre digo la

VERDAD,

y si me prohíben decirla
entonces ME CALLO.

Lo **PRIMERO** es lo **PRIMERO** pero no necesariamente en ese **ORDEN**.

No tiene
ningún sentido
SER
PRECISO...

...cuando no se sabe de qué se está HABLANDO.

Cuantas más **IDEAS** tengas,

más **DIFICULTADES**

se te plantearán

para elegir las buenas.

Es más **fácil**
luchar por nuestros
PRINCIPIOS
que **convivir**
con **ellos.**

SI DOS PERSONAS

ESTÁN DE ACUERDO

EN TODO...

PUEDES TENER LA SEGURIDAD

QUE SÓLO PIENSA

UNO DE ELLOS.

INVESTIGACIÓN

es lo que uno hace
cuando no sabe
lo que está
haciendo.

Todo lo que no está **PROHIBIDO,** es **OBLIGATORIO.**

La **VIDA** es corta pero una

película de tres horas es

INTERMINABLE.

Después de pasar UNA HORA
reparando algo...

...descubrirás que hay otra forma
de hacerlo en CINCO MINUTOS.

Cuanto menos **DIGAS**,

de menos cosas te tendrás que

RETRACTAR.

El SILENCIO

es una de las cosas

más difíciles de refutar.

Una **ESCULTURA** es eso contra lo que chocas...

...cuando estás

mirando una

PINTURA.

No te **CREAS**
todo lo que **OIGAS**
ni nada de lo que se **DIGA**.

Cuando tenga las **MANOS** cubiertas de grasa, te empezará a picar la **NARIZ**.

La **DISTANCIA**
más corta
entre **2** puntos
suele estar en obras.

El que se **RÍE** el último
es el que **PIENSA** más despacio.

Una CONCLUSIÓN

es aquel **lugar al que llegas**

cuando te has cansado de pensar.

AQUEL QUE
RÍE EL ÚLTIMO
DEBERÍA HACERLO DESDE
UNA DISTANCIA SEGURA.

Para ser agradable en
CÍRCULOS SOCIALES
debes consentir que te
enseñen cosas que ya
sabes.

J.K. Lavater

La vida está llena de

SORPRESAS.

Sólo di

"NUNCA"

y lo comprobarás.

Si tienes que pedir prestado **DINERO...**

...pídeselo a un **PESIMISTA**, *nunca esperará que se lo devuelvas.*

SEÑOR,
no me hagas caer
en la tentación...

(puedo hacerlo por mí mismo).

Pedir **CONSEJO** no es lo mismo que buscar una **RESPUESTA**...

...sabemos ya la **RESPUESTA** pero pedimos **CONSEJO** porque desearíamos no saberla.

Si no puedes ser un

BUEN EJEMPLO,

sé una terrible

AMENAZA.

No prestes **ATENCIÓN**
a lo que digan de ti.

Lo que **MURMURAN**
es lo **importante.**

Sé MODESTO
y enorgullécete de ello.

La **SOLEDAD** es un
MALENTENDIDO.

Se trata sólo de que **DIOS**
quiere TENER un
APARTE CONTIGO.

DIOS nos visita
un montón de veces...

...sólo que la mayor parte
del tiempo no estamos en
CASA.

Cuando se es **JOVEN**

la ausencia de placer es dolorosa

pero en la **MADUREZ**,

la ausencia de dolor es un placer.

A un HOMBRE
de 90 AÑOS
le *preguntaron* a que atribuía su
LONGEVIDAD.

Su respuesta fue:

"es probable que sea

PORQUE LA MAYORÍA

DE LAS NOCHES VOY A LA

CAMA Y DUERMO

CUANDO DEBERÍA

SENTARME

Y PREOCUPARME".

¿Por qué el
SENTIDO COMÚN
es como un **arco iris**?

Porque nunca aparece hasta
que la **tormenta ha finalizado**.

Si crees que nadie se preocupa si estás **VIVO o MUERTO,** trata de dejar pasar un par de *pagos de la hipoteca*.

CUANTO MÁS

TE GUSTE **ALGO,**

PEOR *TE SENTARÁ.*

NUNCA te *coloques* entre un **PERRO** y una **FAROLA.**

En un **LLAVERO** con varias **LLAVES** siempre hay una que *no abre nada.*

El **PROGRESO**
es el
*CAMBIO de una
incomodidad por otra.*

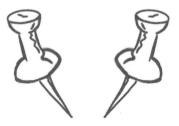

Si **PROGRESAMOS**
es que las cosas van
cada vez
peor a mayor velocidad.

Vivir en el **PASADO**
tiene una cosa a su favor:
es más **BARATO.**

Sólo se es **JOVEN** una vez aunque se puede ser **INMADURO** toda la *vida*.

Si dejas de
BEBER,
FUMAR Y
SALIR DE JUERGA,
es posible que no vivas más
pero te parezca más tiempo.

FE es creer
lo que se sabe no es cierto.

Un **CAMINO**

SIN OBSTÁCULOS

por lo general

no conduce a ningún lado.

LA CORDURA ES LA LOCURA EN BUEN ESTADO.

La **REALIDAD** es lo que se **NIEGA** a desaparecer cuando usted ha dejado de **CREÉRSELO.**

Philip.K.Dick

La **FAMILIA** es una de las dos cosas grandes de este mundo.

La otra es soportarla.

Jaume Perich

Más vale
dos "TOMA"
que
un "TE DARÉ".

Jaume Perich

El **CONO** es una
FIGURA GEOMÉTRICA

malsonante.

Jaume Perich

Los que no tienen

GENIO y FIGURA

también los llevan hasta la

SEPULTURA.

Jaume Perich

Una SONRISA a tiempo ABRE MUCHAS PUERTAS. Claro, que unas veces para ENTRAR y otras para SALIR.

Jaume Perich

Todo el MUNDO
puede **equivocarse**
más de una vez
menos los
BUSCADORES DE SETAS.

Jaume Perich

Hay gente que al
PRIMER GOLPE DE **VISTA**
nos **cae mal**.
Ello demuestra que
NO SIEMPRE NOS **EQUIVOCAMOS**.

Jaume Perich

FINGIMOS
lo que somos,

seamos lo que
FINGIMOS.

Calderón de la Barca

Nadie *ganará* nunca la **batalla de los sexos.** Hay demasiada *CONFRATERNIZACIÓN* con el ENEMIGO.

Henry Kissinger

Si *ADULAS* a alguien puede
que no te crean.
Si le *CRITICAS* no le gustará.
Si *IGNORAS* a alguien puede
que nunca te olviden,
pero si le *ANIMAS*
nunca te olvidará.

El ARTE de la **hospitalidad** es hacer sentir a tus *huéspedes* como si estuvieran en su CASA, incluso cuando tú DESEARÍAS que estuvieran.

Las personas que dicen:

ESTO NO SE PUEDE HACER

son **interrumpidos** a

menudo por la

persona que

lo está haciendo.

El **DEBER** es lo que uno *espera* de los *otros*, no lo que hace por sí mismo.

Oscar Wilde

La **FELICIDAD**
es algo que no se puede
aprender ni se puede forzar.
Tus **PIES** pueden aprender
los pasos pero sólo
tu **ALMA**
puede realmente
bailar.

La **PUNTUALIDAD** es algo que si la tienes no acostumbra a haber NADIE *a tu alrededor* para *COMPARTIRLA CONTIGO.*

Todo el mundo
aprende de los
ERRORES de los
demás.
Ninguno de nosotros
tiene tiempo para
aprender de los propios.

Vivir en la **tierra** es caro, pero incluye un viaje alrededor del SOL cada año.

Una **MUJER** se casa con
un **HOMBRE** esperando
que el cambiará,
pero NUNCA lo hace.

Un **HOMBRE** se
casa con una **MUJER**
esperando que no cambiará,
pero SIEMPRE lo hace.

Descubre la vida salvaje:

¡TEN NIÑOS!

NO dejes que el **PASADO**

te *arrastre hacia atrás*,

te vas a **perder lo mejor**.

Cualquiera
puede decir
ALGO APROPIADO

en el

MOMENTO ADECUADO.

La **DIFICULTAD** consiste en no decir algo *incorrecto* en el momento *perfecto*.

"¿Su MARIDO **COCINA**?"

"Digamos que INTENTA no quemar la ensalada"

Es una terrible mala
SUERTE
ser **SuPeRsTiCiOsO**.

No *olvides* decirles a **todos** que lo que te he dicho es un SECRETO.

Gerald Lieberman

Unas **SONRISAS** puede que no te paguen el *alquiler*, pero pueden **ahorrarte** la terapia.

Antes de estar *CASADO*,
tenía más de cien
TEORÍAS sobre como
educar a los niños pero no
tenia *HIJOS*.

**Hoy tengo tres hijos y ni
una teoría.**

John Wilmot

Uno no se hace **viejo** simplemente se hace *CLÁSICO*.

Primer gran principio de la
economía doméstica: *no visites un SUPERMERCADO* antes de haber comido.

Es **FANTÁSTICO**

tener EXPERIENCIA.

Nos permite reconocer un

error cada vez que lo hacemos.

Una
cara bonita puede
desvanecerse,
pero un
alma hermosa
permanece *siempre.*

Todo el mundo

SONRÍE

en el mismo **lenguaje**.

Que fantástico **es**
NO HACER NADA,
y luego **DESCANSAR**
por el resto del *tiempo*.

Si todo no está

PERDIDO,

¿dónde está pues?

Yo solo utilizo GAFAS en determinadas ocasiones, como para **conducir el coche** o para *encontrarlo.*

Woody Allen

Cumple tus SUEñOS, excepto aquel en el que aparezcas en la oficina completamente desnuda.

Nada es realmente un **trabajo** a menos que tú quisieras hacer cualquier otra cosa.

James M. Barrie

A veces la FELICIDAD te hace sonreír; pero a veces una SONRISA te hace **feliz**.

Una

COLONIA DE MURCIÉLAGOS

colgados del techo

de una cueva. Uno de ellos

está estirado en el

suelo de la cueva...

SORPRENDIDOS por su conducta, le preguntan los otros:
"¿Qué estás haciendo ahí?"

"YOGA",
responde el murciélago

Entre tu y yo

—le dijo un ⊙J⊙ al

otro— **algo huele**.

Cuando un
RELOJ está
hambriento se
retrasa cuatro
segundos.

"**DAR**" es el verbo más corto de la primera conjugación y "**NO DAR**", es el más barato.

Noel Clarasó

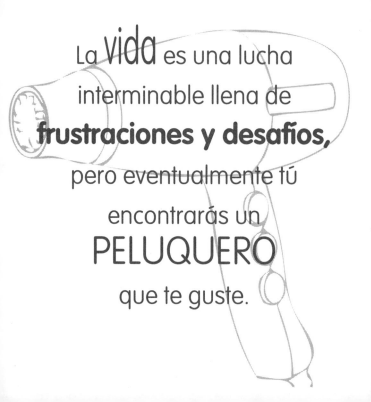

La **vida** es una lucha interminable llena de **frustraciones y desafíos,** pero eventualmente tú encontrarás un PELUQUERO que te guste.

Podría **hablar** durante horas sobre el placer del silencio.

"Doctor, mi CABELLO se está cayendo, y me gustaría saber si podría hacer algo para conservarlo."

"¿Qué tal esta bolsa de *papel*?"

Cuántos CAMINOS

deberá un hombre

caminar…

antes que **admita** que está

perdido.

Experiencia es el **PEINE** que la naturaleza te da cuando estamos **CALVOS.**

TU AMIGO

es aquel que lo sabe todo

sobre ti, y todavía

te aprecia.

Elbert Hubbard

Un EXPERTO es alguien que sabe **mucho y mucho** sobre **poco y poco**, hasta que finalmente él o ella lo saben absolutamente **todo sobre nada**.

Las **ARRUGAS** deberían simplemente indicar donde estuvieron alguna vez las sonrisas.

Mark Twain

Estoy fuera
de mí.
Vuelvo en
cinco minutos.

Una vida cometiendo errores es no solo más *HONORABLE* sino incluso más *ÚTIL* que una vida no haciendo nada.

George B. Shaw

No camines **detrás de mí,**
porque puedo *no guiarte*.

No vayas **delante de mí**
porque puedo *no seguirte*.

Camina **a mi lado** y sé mi

AMIGO.

Generalmente nos gustan aquellos que nos ADMIRAN; pero no siempre nos gustan aquellos a quienes ADMIRAMOS.

François de La Rochefoucauld

La ventaja
de hacer ejercicio
es que uno
se muere estando
más SANO.

Si tu JEFE comete un error dirá que es **humano**; si lo cometes TU dirá que eres un **imbécil**.

LA MEDICINA HA
AVANZADO TANTO,
QUE HOY ES DIFÍCIL
IR A UN MÉDICO
Y QUE NO TE
ENCUENTRE NADA.

Lo **malo** de la

PINTURA ABSTRACTA

es que hay que molestarse en

leer el título del cuadro.

Oscar Pin

La **HISTORIA** es algo que **nunca** ha ocurrido contado por alguien que **nunca** estuvo allí.

La PUBLICIDAD

es el arte de convertir

medias verdades **en**

completas mentiras.

$$1 + 1 = 1$$

La parte buena de tener

ALZHEIMER es que

nunca dejas de tener

nuevos amigos.

Un perezoso es un MILLONARIO que no trabaja. Un vago es un POBRE que no quiere trabajar.

Un **INTELECTUAL** es alguien que ha descubierto algo en lo que pensar que resulta más interesante que el **sexo**.

W.H. Auden

Estos son mis

PRINCIPIOS.

Si no le gustan, tengo

otros.

Groucho Marx

Yo **VIVIRÉ** para **siempre**, o **MORIRÉ** en el **intento**.

Joseph Heller

Partiendo de la nada
he alcanzado las
más altas cotas de la
miseria.

Groucho Marx

La POLÍTICA es el arte de buscar un problema, encontrarlo, diagnosticarlo mal y, después, aplicarle mal los remedios equivocados.

Groucho Marx

$$(2 - 4)^2 = (6 - 4)^2$$
$$2 - 4 = 6 - 4$$

"¿LE GUSTAN A USTED LOS NIÑOS?"

"NO, ME GUSTA HACERLOS."

GROUCHO MARX

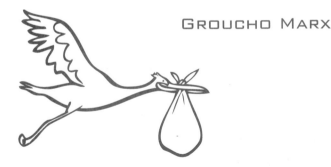

Nunca olvido una **cara**,
pero en su caso
haré una EXCEPCIÓN.

Groucho Marx

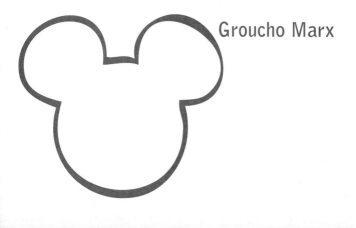

Desde que COGÍ su **libro** hasta que lo DEJÉ, he estado *partiéndome de risa;* algún día intentaré leerlo.

Groucho Marx

Sea lo que sea, estoy en contra.

Groucho Marx

El **MATRIMONIO**
es la principal causa de
DIVORCIO.

Groucho Marx

Parece un idiota y
habla como un idiota,
pero no se ENGAÑE:
es un idiota.

Groucho Marx

HAZ SIEMPRE **LO CORRECTO**. **AGRADARÁ** A ALGUNOS Y **SORPRENDERÁ** AL RESTO.

MARK TWAIN

Si el **UNIVERSO** está en *expansión*, ¿por qué es imposible encontrar un sitio donde aparcar?

Woody Allen

Los **buenos amigos** son como las ESTRELLAS. No siempre puedes verlos pero **sabes que están ahí**.

Un **proyecto planeado** sin mucha preparación tomará tres veces **más tiempo** de lo estimado.

Sin embargo un proyecto planeado CUIDADOSAMENTE necesitará dos veces el **tiempo previsto.**

Parece extraño,
pero nos pasamos los
primeros doce meses
de vida de nuestro hijo
esperando que
CAMINE Y HABLE...

...y los siguientes años
tratando de que
**SE SIENTE Y
SE QUEDE TRANQUILO.**

Una **MUJER** llega a su primera clase de **YOGA** y le dice a su instructor que quiere aprender la

postura del loto...

Él le pregunta
"¿qué FLEXIBLE es usted?"
Y *ella* responde
"Bien, no puedo venir los jueves".

La **GENTE DISFRUTARÍA MÁS DE LA VIDA**
si, una vez consiguieron lo que querían,
pudieran recordar
cuánto les ha costado.

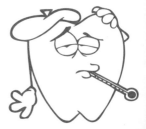

La mitad de ser LISTO es saber reconocer en lo que eres un INÚTIL.

TODO está bien al final.
Pero si no está bien es
que *probablemente*

no es el **FINAL.**

El **ARTE DE LA MEDICINA** consiste en divertir al paciente mientras la naturaleza cura la enfermedad.

El DINERO
dicen que habla.
Pues el mío dice
bye bye.

"Doctor, doctor, creo que soy un **PERRO**."

"Está bien **TOME ASIENTO** por favor."

"No puedo. **NO ME ESTÁ PERMITIDO** en el sofá."

YO EMPECÉ SIN
TENER **NADA**,
Y TODAVÍA ME QUEDA
CASI TODO.

Groucho Marx

Ahora que ya se ha hecho MILLONARIO ya no le consideran un ignorante, sino un EXCÉNTRICO.

Mavis Gallant

El dinero no puede comprar la **FELICIDAD**, pero puede hacer que vivas tu **INFELICIDAD** de un modo extremadamente confortable.

Clare Boothe Luce

Era un matrimonio perfecto:
ELLA NO QUERÍA y
ÉL NO PODÍA.

Spike Milligan

El otro día me ROBARON la tarjeta de crédito, pero todavía no lo he denunciado porque, quien me la robó, está gastando menos dinero que mi mujer.

Henry Youngman

Estaba loco cuando me casé contigo.
Lo sé, pero yo estaba
ENAMORADA y no me
di cuenta en ese momento.

UNO NO CONOCE REALMENTE A UNA MUJER HASTA QUE SE ENFRENTA A ELLA EN UN JUICIO.

WOODY ALLEN

Un **MATRIMONIO**
no va bien si tu mujer dice:
"A ti solo te importa una cosa",
y uno no es capaz de
recordar lo que es.

La culpa de que los HOMBRES mientan la tienen siempre las MUJERES porque insisten en hacerles preguntas.

Las mujeres tienen

siempre un enorme

SENTIDO DEL RUMOR.

Para las MUJERES un SECRETO es algo que sólo SE CUENTA a una persona cada vez.

El SEXO es como el aire:
no le damos importancia salvo cuando nos quedamos sin él.

Los HOMBRES no están completos hasta que se casan, luego están ACABADOS.

El amor es un sueño y el matrimonio un despertador.

El mejor modo
de recordar
para siempre el
CUMPLEAÑOS de
una mujer es haberlo
olvidado una sola
vez.

Un buen matrimonio dura **eternamente** y uno malo se hace **eterno.**

LO MALO DEL **AMOR** ES
QUE MUCHOS LO CONFUNDEN
CON LA GASTRITIS Y,
CUANDO SE HAN CURADO
DE LA INDISPOSICIÓN, SE
ENCUENTRAN CON QUE SE HAN
CASADO.

Groucho Marx

La **PAREJA PERFECTA:** un matemático y una **mujer** que tenga muchos *problemas.*

El **amor** es como una

MARIPOSA.

Si tu la persigues se
esconderá.

Pero si la *dejas volar*,
vendrá a ti cuando menos
lo esperes.

No hay
MUJERES FEAS
sólo **HOMBRES** no
lo suficientemente
BORRACHOS.

A UN HOMBRE SOLTERO LE GUSTAN TODAS LAS MUJERES. A UNO CASADO LE GUSTAN TODAS MENOS UNA.

El amor es una
locura pasajera
que se cura con el
matrimonio.

Ambrose Bierce

Cuando estás
enamorado, pasas los
DOS DÍAS Y MEDIO
más *memorables*
de tu vida.

Richard Lewis

¿Qué opino de los **derechos** de las **mujeres?** En realidad, *me gustan sus dos lados.*

Groucho Marx

Si la APRIETO

más contra mí,

pasaré al otro lado

de usted.

Groucho Marx

Conozco a cientos de **maridos** que estarían felices de volver al HOGAR si no hubiese una **esposa** esperándoles.

Groucho Marx

Me casé ante un **juez** pero debería haber solicitado un **jurado.**

Groucho Marx

No piense mal de mí, señorita, mi INTERÉS por usted es puramente SEXUAL.

Groucho Marx

Mi **ex mujer** y yo nos enamoramos a primera vista. Quizás debería haberle echado otro vistazo.

Woody Allen

Es mucho más fácil quedar bien como AMANTE que como MARIDO, porque es mucho más fácil ser **oportuno e ingenioso** de vez en cuando que todos los días.

Honoré de Balzac

Cuando uno se casa con una **MUJER RICA**, contrae patrimonio.

El amor es física, el matrimonio química.

Alexandre Dumas

Personalmente,

no sé nada acerca del SEXO porque he estado siempre casada.

Zsa Zsa Gabor

Yo nunca creí en el **DIVORCIO**, hasta después de haberme **CASADO**.

Diane Ford

Los **hombres** son
más
elocuentes
que las
mujeres pero
las **mujeres**
tienen más
poder de
persuasión.

Las MUJERES solo recuerdan a los hombres que las han hecho *reír*...

...los HOMBRES solo a las mujeres que las han hecho *llorar*.

H.F. de Regnier

ALGUNOS
MATRIMONIOS
ACABAN BIEN,
OTROS DURAN
TODA LA VIDA.

Woody Allen

Los hombres quieren ser el
PRIMER AMOR DE LA MUJER;
las mujeres más inteligentes
quieren ser el
ÚLTIMO AMOR DEL HOMBRE.

Oscar Wilde

El amor es un

océano

de pasiones
totalmente rodeado
de gastos.

James Dewar

El amor es la
PROFESIÓN
ideal de la mujer y el
DEPORTE
favorito del hombre

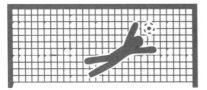

Las **cartas de amor** se describen empezando sin saber lo que se va a decir y se terminan sin saber lo que se ha dicho.

Jean-Jacques Rousseau

Las PERSONAS más insoportables son los hombres que se creen **geniales** y las mujeres que se creen **irresistibles**.

DETRÁS DE
CADA HOMBRE
DE ÉXITO HAY
UNA SUEGRA
SORPRENDIDA.

HUBERT HUMPHREY

El sexo sin amor es una

experiencia vacía.

Pero como
experiencia vacía
es una de las MEJORES.

Woody Allen

¿Es SUCIO el sexo?

Únicamente **si se hace bien**

Woody Allen

La última vez que estuve dentro de una mujer fue cuando visité la *estatua de la libertad.*

Woody Allen

¿Qué tienes contra la masturbación?

MASTURBARSE ES
HACER EL AMOR
CON LA PERSONA
QUE MÁS QUIERO

Cásate con un **ARQUEÓLOGO.** Cuanto más *envejezcas*, más encantadora te encontrará.

Agatha Christie

Quiero contarte una *terrorífica historia* de contracepción oral. Le pedí a esa chica que se acostara conmigo y dijo "NO".

Woody Allen

He probado todas las VARIEDADES DE SEXO. La posición tradicional me da **claustrofobia**, y las otras me producen **tortícolis** o **espasmos** en la *mandíbula*.

Tallulah Bankhead

De todas las
aberraciones sexuales,
la más SINGULAR

tal vez sea la *castidad*.

Rény de Gourmont

El **beso** es el contacto de DOS EPIDERMIS y la fusión de dos **fantasías**.

Alfred De Musset

NO ES POSIBLE
BESAR A UNA MUJER
INESPERADAMENTE.
TODO LO QUE PUEDE
HACERSE ES BESARLA
ANTES DE LO QUE ELLA
ESPERABA.

Todo el **mundo** se equivoca, tanto los hombres como las mujeres. La **diferencia** es que las mujeres lo saben.

Jopseph E. Bron

La **moda** es lo que
uno se pone:
lo **pasado** **de** **moda**
es lo que se ponen
los demás.

Oscar Wilde

Mi MUJER

esta haciendo una dieta. **Cocos y plátanos.** No ha perdido peso, pero está segura de que puede subirse a un árbol.

Henry Youngman

Cuando un hombre le abre la puerta del **coche** a su mujer es porque el coche es nuevo o bien porque la mujer es nueva.

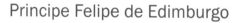

Principe Felipe de Edimburgo

Fuera cual fuese el problema, mi PADRE siempre tenía unas **palabras sabias** que decirme:

"Pregúntale a tu madre"

Cuando las MUJERES
van por mal camino,
los HOMBRES
se apresuran
a ir detrás de ellas.

Mae West

Las mujeres quieren que se las ame, escuche, desee, respete, necesite, confíe, y, a veces, simplemente que se las aguante.

Los hombres no **quieren** más que unas entradas para la **final de copa**.

Dave Barry

Una **MUJER LIBERADA** es la que practica el sexo antes del matrimonio y que sigue trabajando después de él.

Gloria Steinem

Una **EXTRAVAGANCIA** es cualquier cosa que un hombre compra y a la que su mujer no le ve ninguna utilidad.

Franklin P. Adams

Cuanto más **conozco** a los hombres, más **cariño** le tengo a mi perro.

Madame Roland

La **intuición de una mujer** es más precisa que la **certeza de un hombre.**

Rudyard Kipling

Los hombres son esas
CRIATURAS que
tienen **dos piernas** y
ocho manos.

Jayne Mansfield

Yo me casé con alguien
INFERIOR a mí.
Todas las mujeres lo hacen.

Lady Astor

La **BISEXUALIDAD** duplica instantáneamente las probabilidades de conseguir una cita para el **sábado** por la noche.

Woody Allen

Estuve persiguiendo a una mujer durante dos años para acabar dándome cuenta de que teníamos los mismos gustos:

a los dos nos volvían locos las mujeres.

Groucho Marx

Si el sexo es algo natural...

... ¿por qué existen tantos libros que explican cómo debe hacerse?

Bette Midler

El **PROBLEMA** de algunas mujeres es que se *excitan* por cualquier cosa... Y LUEGO SE CASAN CON ÉL.

Cher

La mujeres son muy útiles, sobre todo por la noche y, con frecuencia, durante el día.

Groucho Marx

LAS NIÑAS BUENAS
TIENEN SIEMPRE UN
DIARIO;
LAS MALAS NUNCA
TIENEN TIEMPO PARA
ESCRIBIR.

TALLULAH BANKHEAD

Mi mujer y yo tenemos un **sexo olímpico**…
una vez cada cuatro años.

Rodney
Dangerfield

Si quieres saber lo que una mujer dice realmente,

MÍRALA,

no la escuches.

Oscar Wilde

Yo creo que el sexo entre **dos** personas es HERMOSO.
Entre **cinco**, es FANTÁSTICO.

Woody Allen

Si no estoy en la **CAMA** antes de las once, me voy a **CASA**.

Henry Youngman

Hay **dos cosas** en este mundo que me gustan **duras**, y una de ellas son los HUEVOS.

Mae West

Mi marido y yo nos divorciamos por diferencias religiosas: él pensaba que era Dios, y yo no.

Vera Foster

Estoy **ENAMORADO** de la misma mujer desde hace cuarenta años... si mi esposa se entera me mata.

Henry Youngman

Lo peor de tener una **amante** es verse obligado a **cenar dos veces.**

Oscar Levant

Todos los hombres tienen a una mujer en el pensamiento.

Los casados además tienen a otra en casa.

Noel Clarasó

Mi mujer se ha quedado con la **casa**, el **coche** y el **dinero del banco**.

Y, si vuelvo a casarme
y tengo **hijos**, se
quedará con ellos
también.

Woody Allen

A cualquier mujer
le gustaría ser fiel.
Lo difícil es hallar el
HOMBRE a quien
serle **FIEL.**

Marlene Dietrich

Yo creo en las **familias numerosas:** toda mujer debería tener al menos tres maridos.

Zsa Zsa Gabor

A un hombre
no le conoces
de VERDAD,
hasta que te has
divorciado de él.

Zsa Zsa Gabor

Solía vivir sola... entonces me divorcié.

A UN HOMBRE
LE RESULTA
TERRIBLEMENTE
DIFÍCIL MENTIR A LA
MUJER QUE AMA...
LA PRIMERA VEZ.

Helen Rowlan

Cambiar un **MARIDO** por otro no es más que cambiar un **PROBLEMA** por otro.

La inactividad
sexual es
peligrosa,
produce
CUERNOS.

Woody Allen

Tener un bebé es probablemente el **acto más bello e irracional** que dos personas enamoradas puedan cometer.

Bill Cosby

"¡VAMOS A TENER UN BEBÉ!".

Este es mi regalo

de navidad para ti...

"¡Pero si yo solo necesitaba una **corbata**!"

Woody Allen

Si los hombres se pudieran quedar **EMBARAZADOS**, el aborto sería un sacramento.

Florynce Kennedy

Un **bebé** es el objeto
más complicado
hecho nunca por
trabajo no cualificado.

Steven Wright

"Tienes una niña.
A menos que haya
cortado el
CORDÓN EQUIVOCADO."

Dr. Kosevich